(N° 282)

Vente du Lundi 3 Février 1913

HOTEL DROUOT — SALLE N° 7

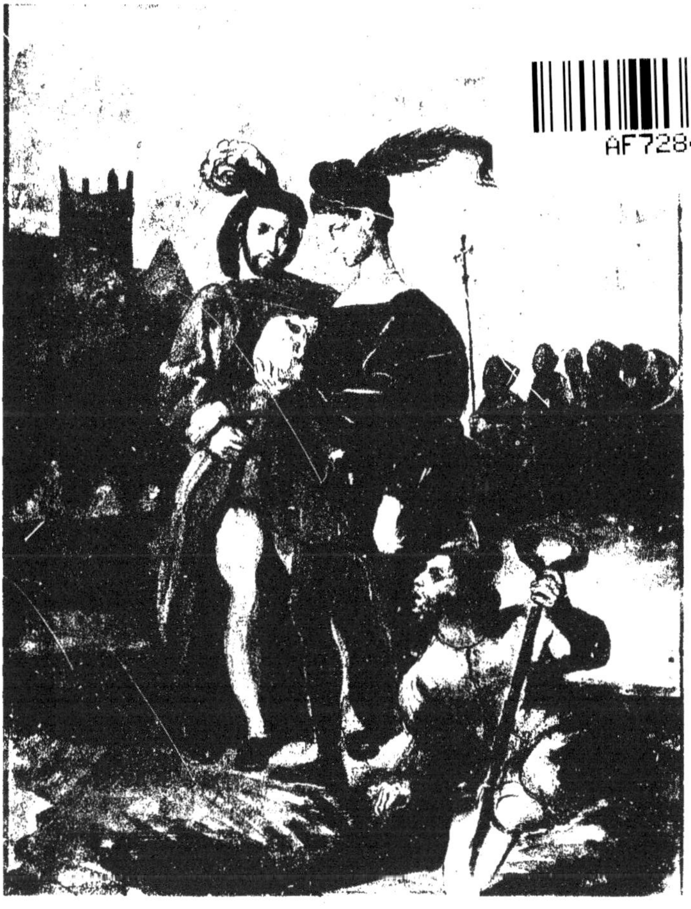

N° [illegible] du Catalogue

PEINTURES
PASTELS & DESSINS
ANCIENS & MODERNES

Me ANDRÉ DESVOUGES — M. LOYS DELTEIL

EXPOSITION PUBLIQUE, HÔTEL DROUOT, SALLE N° 7,
LE DIMANCHE 2 FÉVRIER 1913, DE 2 HEURES À 6 HEURES.

FRAZIER-SOYE

GRAVEUR-IMPRIMEUR

153-155-157, Rue Montmartre

PARIS

CATALOGUE

DES

PEINTURES, PASTELS

&

DESSINS

ANCIENS & MODERNES

Dont la vente aura lieu

à Paris, HOTEL DROUOT, Salle N° 7

Le Lundi 3 Février 1913

à 2 heures précises

Par le Ministère de Me ANDRÉ DESVOUGES,

COMMISSAIRE-PRISEUR

26, Rue de la Grange-Batelière

Assisté de M. LOYS DELTEIL, Artiste-Graveur, Expert

2, Rue des Beaux-Arts

CONDITIONS DE LA VENTE

Elle sera faite au comptant.

Les adjudicataires paieront *dix pour cent* en sus des enchères.

M. LOYS DELTEIL remplira les commissions que voudront bien lui confier les amateurs ne pouvant y assister.

MM. les Amateurs pourront visiter la collection 2, *rue des Beaux-Arts*, du Lundi 27 Janvier au Samedi 1er Février 1913, de 2 heures à 5 heures.

EXPOSITION PUBLIQUE, HÔTEL DROUOT, SALLE N° 7,
le Dimanche 2 Février 1913, de 2 heures à 6 heures.

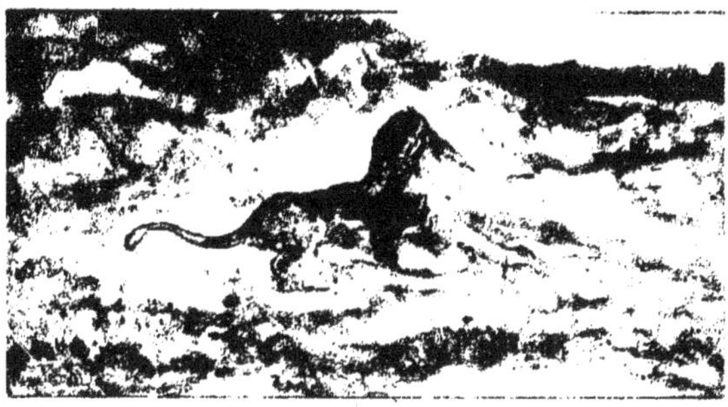

N° 8 du Catalogue.

DÉSIGNATION

ALAUX

1. Moines descendant la Scala. Sépia. *Signée* et datée : 1825. Collection J. Gigoux.

H. 132. L. 100.

ALLONGÉ (A.)

2. Paysage. Fusain. *Signé*.

L. 515. H. 375.

ANONYME (XVIe siècle)

3. Couronnement de la Vierge. Plume et sépia.

H. 372. L. 245.

ANONYME (XVIIe siècle)

4. Prestation du serment de fidélité. Plume et encre de chine.

H. 255. L. 188.

ANONYME (débuts du XVIIIe siècle)

5. Combat. A la plume.

BALZE (Raymond)

6. Château Saint-Ange — Jeanne-d'Arc — Incendie du Palais de Justice, 1871, etc. Cinq études peintes, aquarelles et dessins.

BARYE (A.-L.)

7. Etude de cerf. Dessin aquarellé. Encadré.
L. 220. H. 190.

8. Lion dans le désert. Aquarelle. Encadrée.
L. 205. H. 110.

BAZZICALUVE (Ercole)

9. Les Voyageurs attaqués. A la plume. Encadré.
L. 345. H. 198.

BESNARD (P. A.)

9 *bis*. Étude de figures. A la plume. *Signée.*
H. 280. L. 220.

BLANCHARD (Jacques)

10. Buste de Femme. A la sanguine.
L. 223. H. 161.

BOCHARD (Louis)

11. Etude de femme. Crayon et sanguine. *Signé.*
H. 610. L. 460.

BOSSI (G.)

12. Vue prise à la Dogana, Venise. Aquarelle gouachée. *Signée*. Encadrée.

BOUCHER (François)

13. Les deux Chaumières. Crayon noir. Cadre ancien, bois sculpté.

L. 254. H. 168.

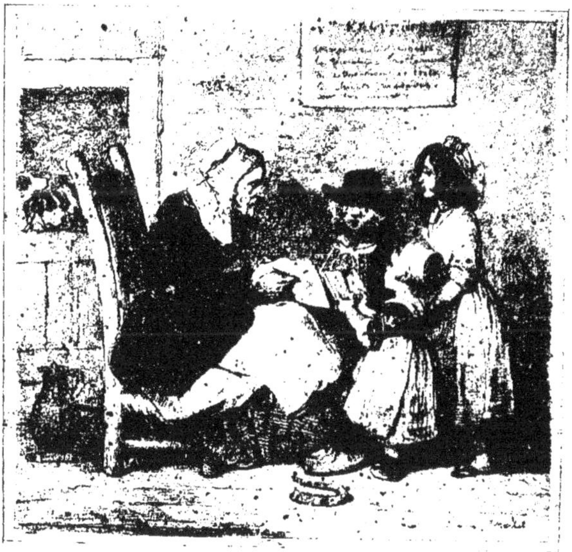

N° 29 du Catalogue.

BOUCHER (d'après F.)

14. Vénus et les Amours. A la sépia.

15. Amours. Trois dessins à la sanguine.

BRIL (Paul)

16. Scène villageoise. A la plume. lavé de sépia. Encadré.

H. 163. L. 150.

BRIL (attribué à Paul)

17. Saint-Jérôme dans un Paysage. A la plume.
L. 333. H. 235.

CARABIN, JOUAS, LUMINAIS, etc.

18. Études et sujets divers, deux études peintes, une aquarelle et 3 dessins.

CARAN D'ACHE

19. Scènes humoristiques, 14 scènes sur trois feuilles, crayon et plume.

CARRACHE (A.) ?

20. Paysage. A la plume.
L. 305. H. 270.

CARRIÈRE (Eugène)

21. Étude de nu de femme. Dessin. Encadré.
H. 620. L. 380.

22. Étude de nu. Dessin. Encadré.
H. 620. L. 380.

CARRIÈRE (Jules)

23. La Mare aux buissons. Fusain. *Signé*. Encadré.
L. 325. H. 105.

24. La Seine Normande. Fusain. *Signé*. Encadré.
L. 345. H. 215.

25. Calme en Normandie. Fusain. *Signé*. Encadré.
L. 500. H. 330.

26. Vers le soir, Normandie. Pastel. *Signé*. Encadré.
L. 500. H. 340.

27. Vallée de la Haute-Savoie. Pastel. *Signé*. Encadré.
L. 500. H. 340.

CHAPU (Henri)

28. Étude, crayon noir et sanguine. Encadrée.

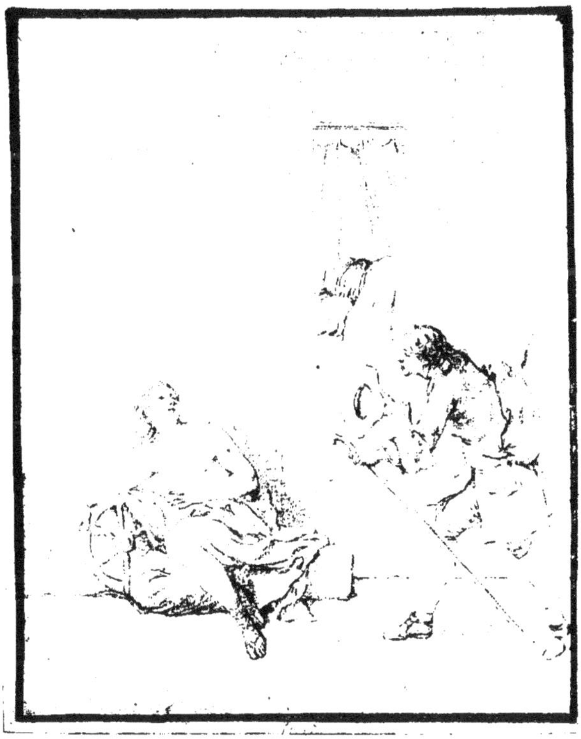

N° 31 du Catalogue.

CHARLET (N. T.)

29. La Grand'Mère. Crayon avec rehauts d'aquarelle et de gouache. L. 178. H. 167.

CIPRIANI (attribué à G. B.)

30. Buste de jeune fille. Crayon et sanguine. H. 137. L. 109.

COCHIN Fils (C. N.)

31. L'Homme qui court après la fortune et l'homme qui l'attend dans son lit. A la pierre d'Italie.

H. 244. L. 196.

COROT (J. B. C.)

32. Page d'album, recto et verso : Tête d'Italienne, le Dessinateur et deux figures de femme. A la mine de plomb. Encadré.

H. 140. L. 085.

COYPEL (Charles)

33. Portrait d'un Ecclésiastique. Crayon et sanguine. Au bas, on lit : *Dessiné et exécuté à huille toille de 30 P. Par C. Coypel, pour son Cher Amy.* Encadré.

H. 305. L. 222.

D. (Lucien)

34. Chevaux devant une auberge, 1859. Peinture et répétition à l'encre de chine — Paysage italien, peinture. Trois pièces. Encadrées.

DECAMPS (A. G.)

35. Femme du Canton de Berne. Crayon noir, avec rehauts de blanc. Signé des initiales. Sous verre.

H. 240. L. 180.

DECKER

36. Allégorie pour un Frontispice. Plume et encre de chine.

H. 310. L. 205.

DELACROIX (Eugène)

37. Hamlet contemplant le crane d'Yorick. Sépia lavée d'aquarelle. *Signée.*

H. 265. L. 203.

38. Chemin sous bois, *14 Mai Samedi 58.* Mine de plomb. Cachet de la vente.

L. 378. H. 240.

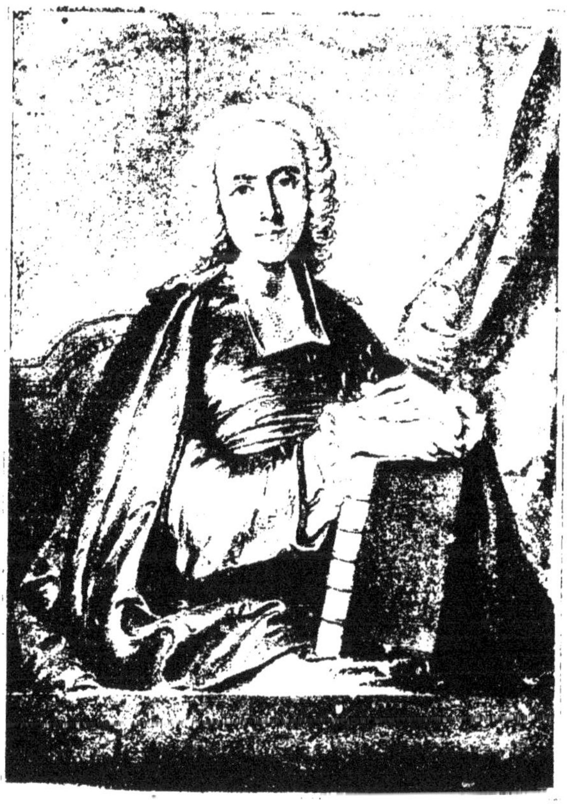

N° 33 du Catalogue.

39. Lionne. A la mine de plomb. Timbre de la vente. Encadré.

L. 165. H. 140.

40. Étude d'arbres. Crayon noir. Cachet de la vente.

L. 400. H. 275.

40 *bis.* Figure orientale. Plume avec rehauts d'aquarelle.

H. 193. L. 066.

DESPORTES (Fr.)

41. Étude de Chien et détails. Deux dessins aux trois crayons.

DEVELLY

42. Charles X à St-Cloud (17 sept. 1823) — Charles X sur le Pont-Neuf, 27 sept. 1824 — Signature du Contrat de mariage du Duc d'Orléans et de la Pce Hélène, 1837 — Arrivée du duc d'Angoulême à la Barrière de l'Etoile, à son retour d'Espagne, 1823. Cinq dessins rehaussés d'aquarelle ou de gouache.

DEVÉRIA (Achille)

43. L'Abbé Martial Marcet, de la Roche Arnauld. A la mine de plomb. A été lithographié par Eug. Delacroix.

H. 210. L. 170.

DIEPENBECK (Abraham)

44. Une Famille. Plume, encre de chine et sépia.

L. 171. H. 120.

DOLCI (attribué à Carlo)

45. La Fuite de Lot. Crayon noir.

L. 575. H. 435.

DORE (Gustave)

46. Conte de Fées. Sépia, encre de chine et gouache. *Signé.* Encadré.

H. 320. L. 230.

DUCHÉ DE VAURY

47. Groupe de Femmes, 1781. *Signé.*

H. 150. L. 118.

ÉCOLE ALLEMANDE (XVIe siècle)

48. St-Pierre dans une niche ornée. Plume et encre de chine.

H. 430. L. 177.

ECOLE ALLEMANDE (fin du XVIIIe siècle)

49. Scènes d'Enfants. Trois dessins de forme ovale.

50. Portrait d'un officier autrichien. Dessin aquarellé. De forme ovale.

H. 153. L. 121.

ÉCOLES ANCIENNES

51. Mars et Junon, motif pour éventail. Plume et encre de chine.

52. Deux têtes d'amours. Crayon et sanguine. Encadré.

53. Étude de personnage. Crayon. Encadré.

54. Paysage d'Italie. A la plume, avec rehauts. Sur vélin.

L. 167. H. 097.

55. La Vierge et l'Enfant-Jésus — Ste Famille — Adoration des Mages — Projet d'architecture — Quatre dessins encadrés ou sous-verre, attribués à Guerchin.

56. Scène de l'Histoire ancienne — St-Charles Borromée — Bataille, etc. Quatre dessins.

57. Sujets divers. Six dessins.

58. Sujets divers et Paysages, 7 dessins attribués à S. Rosa, le Guerchin, etc.

ÉCOLES FLAMANDE & HOLLANDAISE

59. Les Martyrs de Salzbourg. A la plume, lavé d'encre de chine.
H. 183. L. 143.

60. Jésus au Jardin des Oliviers. A la sépia. Daté : 1623.

61. Loth et ses Filles. A la plume.
L. 425. H. 295.

62. Sujets divers. Six dessins par ou attribués à Bronchhorst, Orley, Vinckeboons, etc.

62 *bis*. La Marchande de Koucks. Plume et sépia.
H. 210. L. 200.

62 *ter*. Portrait d'Homme. Peinture. Bois.
H. 130. L. 110.

ÉCOLE FRANÇAISE (XVIIe siècle)

63. Jésus apparaissant à la Madeleine — Études de figures. Quatre dessins attribués à Le Brun, La Hyre, etc.

ECOLE FRANÇAISE (XVIIIe siècle)

63 *bis*. Adam emportant le corps d'Abel — L'Homme entre l'Amour et la Sagesse. Deux dessins à la plume, lavés de sépia.

64. Mort de Lucrèce. A la plume. Sous-verre.
L. 245. H. 190.

65. Cte Georges-Martin Guérin, chirurgien-major des Camps et Armées du Roi. Pastel. Encadré.
H. 710. L. 570.

66. L. François, Chr de Sadouvilliers. Peinture. De forme ovale.
H. 625. L. 510.

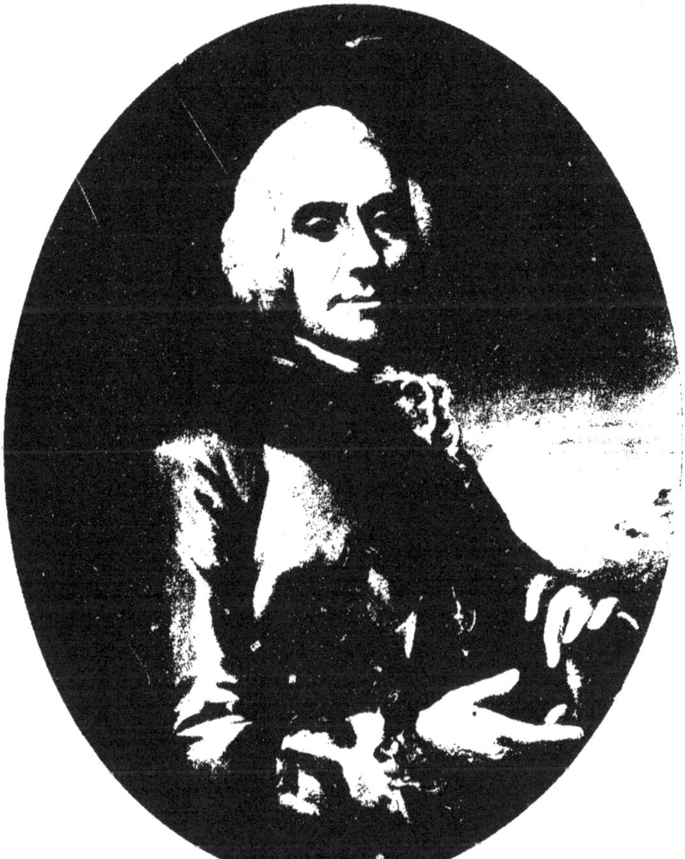

N° 65 du Catalogue.

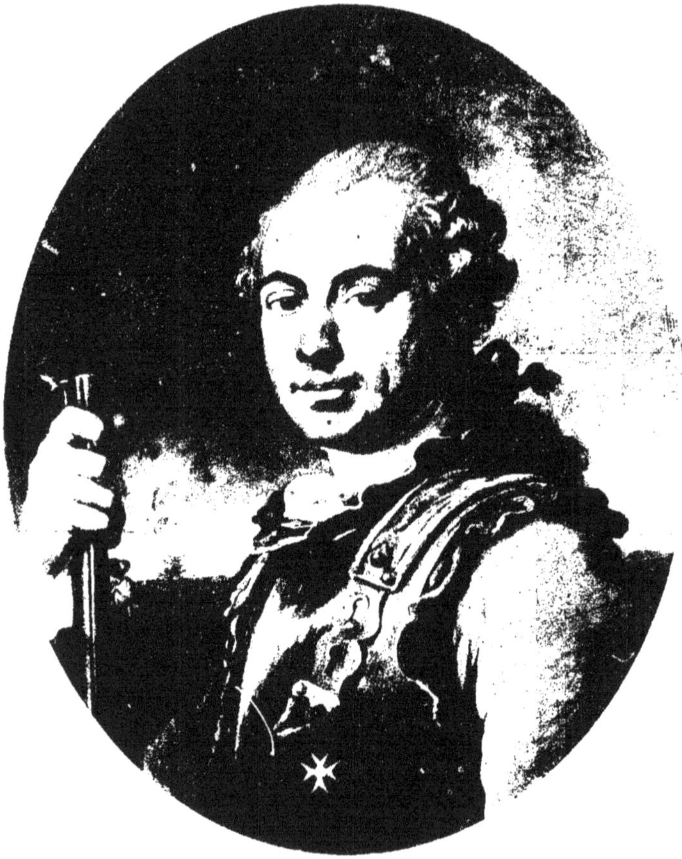

N° 189 du Catalogue.

67. Ant. Fr. Simon, Ch[r] de Sadouvilliers de Billaud. Pastel. Encadré.

H. 540. L. 435.

68. Cte Fr. C. Guérin, Cadet au Régiment de Royale-cravate. Pastel. Encadré.

H. 248. L. 200.

69. Ch. René de Parseval — Frileuse, jouant de la vielle. Crayon avec rehauts de sanguine et de bleu. Encadré.

H. 273. L. 220.

70. Marie-Louise de Sadouvilliers, épouse du Cte G.-M. Guérin. Pastel. Encadré.

H. 705. L. 570.

71. Portrait de Femme. Pastel. De forme ovale. Encadré.

H. 305. L. 250.

72. Composition allégorique. Contre-épreuve de sanguine.

H. 271. L. 181.

73. Cérès — Therpsichore. Deux dessins à la plume, lavés d'encre de chine. Sous-verre.

74. L'Oiseau apprivoisé. A la plume. Encadré.

H. 138. L. 102.

75. Le Berger endormi. Crayon, lavé de sépia et d'encre de chine. Encadré.

L. 207. H. 201.

76. Coucher de lune. Crayon noir. Encadré.

77. Un Ange. A la sanguine. Sous-verre.

78. Paysages. Deux dessins encre de chine et sépia.

79. Paysage d'Italie. Crayon avec rehauts. Encadré.

L. 366. H. 255.

80. Le Moulin. Crayon noir.

L. 442. H. 292.

81. Le Moulin. A la sanguine. Encadré.
L. 230. H. 165.

81 *bis*. Sous ce numéro, il sera vendu sept dessins, fixés, etc.

ECOLE FRANÇAISE (XIXe siècle)

82. Kerbalanec. (Eugénie Guérin, Mme de). Peinture. Encadrée.
L. 205. H. 150.

83. Le Duc de Nemours devant sa tente. (Conquête de l'Algérie, 1830). Aquarelle. Sous-verre.
L. 233. H. 139.

84. Types de Femmes de l'Orient. Crayon et sépia.

ECOLE ITALIENNE (XVIe et XVIIe siècles)

85. L'Orfèvre. Plume et sépia. Collection Valory. Encadré.
L. 233. H. 165.

86. Ste-Catherine. Plume et sépia. Encadré.
H. 260. L. 124.

87. La Descente de Croix. Plume et sépia.
H. 380. L. 275.

88. Un Cavalier. Sépia avec rehauts de gouache.
H. 435. L. 303.

ECOLE ITALIENNE (XVIIe et XVIIIe siècles)

89. Études de vaisseaux. Trois dessins à la plume, lavés de bistre.

90 Paysages. Quatre dessins à la plume, (2 lavés de bistre).

91. Jeune Seigneur — Étude de vieillard — Deux dessins à la plume.

ÉCOLE ITALIENNE (XVIIIe siècle)

92. Sujet de plafond. A la plume, lavé d'encre de chine.

H. 530. L. 330.

93. Façade de Palais, 2 dessins à doubles faces, soit quatre motifs. A la plume, lavés de sépia.

H. (de chaque dessin), 395. L. 322.

EVENTAILS

94. Motifs pour éventails. Quatre aquarelles gouachées.

FIALETTI (Odoardo)

95. Le Dante — Un Moine — Figure de vieillard. Trois dessins à la sanguine sur le même montage.

FLANDRIN (Ecole de H.)

96. Portraits, études et compositions diverses, 16 dessins. On y a joint 2 estampes, portraits.

FORAIN (J. L.)

97. Scène d'Intérieur. A la plume.

H. 315. L. 248.

98. La Cigale — Actrice — Deux croquis à la plume. *Signés.*

FRAGONARD (d'après H.)

99. Triomphe de Neptune. A la sanguine. Encadré.

100. Chevalier de Sadouvilliers de Billaud. Peinture. Encadrée.

H. 550. L. 445.

GELLÉE (École de Claude)

101. Le Passage du Gué. A la plume, lavé d'encre de chine. Encadré.

L. 240. H. 148.

GENARI (Benedetto)

102. Le Triomphe. Plume et sépia.

L. 332. H. 233.

GRÆNICHER

103. Meir, préfet helvétique. Crayon. De forme ovale.

H. 133. L. 117.

GRANET (F. M.)

104. Groupe de maisons sur un chemin montant. Sépia. Timbre de collection.

L. 305. H. 200.

GRANDVILLE (J. J. I.)

104 *bis*. La Bonne d'Enfant. A la plume. *Signé*.

H. 131. L. 096.

GUILLAUME (Albert)

105. Sept feuilles de croquis humoristiques. A la plume, rehauts de crayon bleu.

HARPIGNIES (H.)

106. Le Chemin creux. A l'encre de chine. *Dédicace*.

H. 0,83. L. 0,60.

HÉBERT (Ernest)

107. La Pensive. Dessin rehaussé. *Signé*.

H. 105. L. 090.

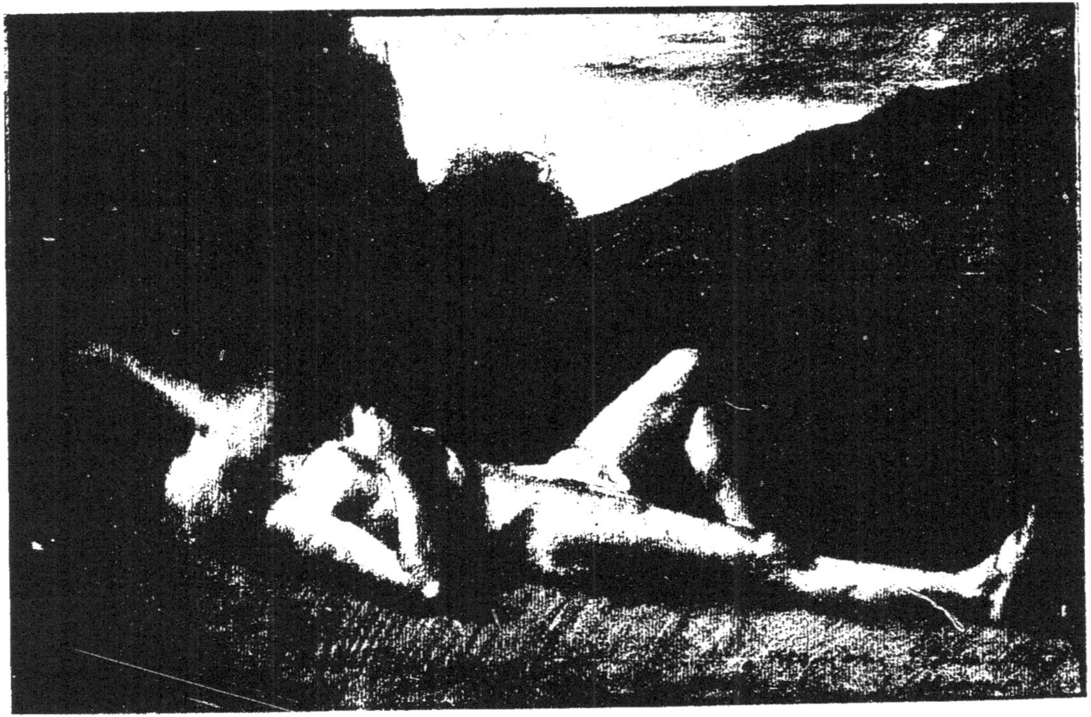

N° 110 du Catalogue

HEER (G. de)

198. Le Repos des Paysans. A la plume, sur vélin.
L. 440. H. 325.

109. Le Repas sous la tonnelle. A la plume, sur vélin.
H. 440. L. 398.

HENNER (J. J.)

110. St Jérôme en pénitence. Crayon noir. *Signé*, avec *dédicace* à Etienne Arago. Encadré.
L. 270. H. 180.

HÉRAN (Henri)

111. Les Jours et les Nuits. A la plume. Signé. Encadré.

HONTHORST (G.) ?

112. L'Apparition. A la plume. H. 275. L. 202.

INGRES (J. D. A.)

112 *bis*. Première pensée de l'Odalisque de Naples. A la mine de plomb. L. 180. H. 105.

ISABEY (attribué à J. B.)

113. Portrait d'homme. Crayon rehaussé d'aquarelle. Encadré.

ISABEY (Eugène)

114. Barques à voiles. Trois croquis. Cachet de la vente.

JACQUE (Charles)

115. Gardeuses de Moutons. Crayon noir. *Signé* des initiales. Encadré. H. 366. L. 200.

J. E.

116. Jeune Fille en costume du XVIe siècle. Mine de plomb, avec rehauts de gouache. H. 305. L. 245.

JEANNIOT (G.)

117. La Chevelure. A l'encre de chine. *Signé.*

JONGKIND (J. Barthold)

118. Dordrecht. Crayon noir. Signature griffe.
L. 387. H. 247.

LAGRENÉE (J. J. F.)

119. Ste Famille. A la sépia.
L. 248. H. 183.

LANTARA (M.)

120. Le Village. Crayon.
L. 422. H. 318.

LA RUE

121. Un Sacrifice. De forme ovale. Plume avec rehauts de sépia. Encadré.
L. 144. H. 117.

122. Un Sacrifice — Cariatides. Trois dessins, plume et sépia.

LÉANDRE (Charles)

123. La Procession. Crayon noir. *Signé.*
H. 480. L. 305.

LE BARBIER L'AINÉ

124. Scène de l'Histoire grecque. A la plume, lavé de sépia. *Signé.*
H. 500. L. 370.

LEGILLON (J. F.)

125. Vue prise dans le goteron, à Fribourg. Encre de chine, rehauts de gouache. *Signé.* — Lisière de bois. Deux dessins.

LEGRAND (Louis)

126. A Propos de la prolongation du monopole du gaz. A la plume, avec rehauts. *Signé*. Encadré.
H. 250. L. 218.

LE MOINE (attribué à Fr.)

127. Herminie enlevée par les Bergers? Plume et sépia,
L. 270. H. 220.

LENFANT (attribué à)

128. Etude de soldat, de main et de pieds. Sanguine et crayon noir, légers rehauts de blanc.
L. 418. H. 265.

LÉPICIÉ (N. B.)

129. Académie d'homme. A la sanguine. *Signé*.

LÉPINE (S.)

130. Le Barrage — En vue du Havre — Une Goelette — Paysage. Quatre croquis. Encadrés.

LETEURTRE

131. Terrasse de St Germain-en-Laye — L'Etang — Château de Fontaine Henri — Chemin du vieux moulin, Noisiel. Quatre aquarelles. *Signées*.

LOUTHERBOURG (J. Ph.)

132. Le Repos du Pâtre. Crayon noir avec rehauts de craie.
L. 355. H. 225.

LUSSIGNY

133. Bernadotte. A l'encre de chine. *Signé*. De forme ronde.
Diam. 087.

MAES (Godefroy)

134. Salomon et la Reine de Saba. Sépia et encre de chine. *Signé*.

L. 260. H. 167.

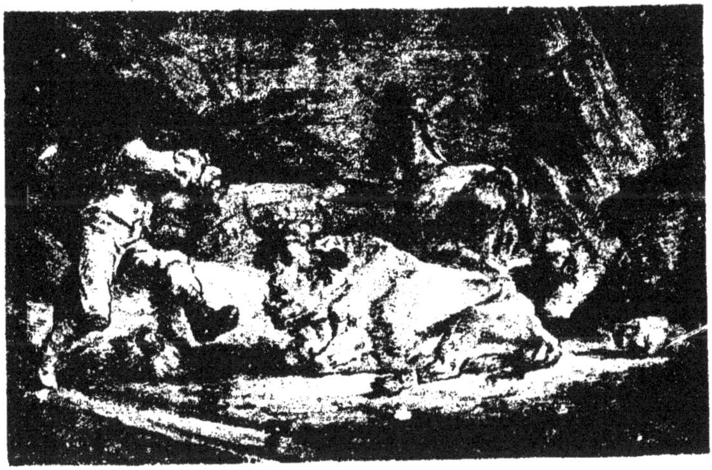

N° 132 du Catalogue

MARILHAT (attribué à)

135. Les Carrières. Peinture. Encadrée.

MARNY (Paul)

136. La Pompe-Notre-Dame (*Old Paris-Watter Pomp*). Aquarelle. *Signée*.

H. 490. L. 350.

MARQUET

137. Marine. Peinture pyrogravée sur bois. Signée du monogramme.

MARTIN (Henri)

138\. Faucheurs, quatre études peintes.

MEULEN (attribué à)

139\. Portrait d'Homme. A la sanguine.
H. 238. L. 180.

MEYER (F.)

140\. La Cascade. Aquarelle gouachée.
L. 322. H. 255.

MILLET (J. F.)

141\. Gardeuse d'oies. Croquis. Encadré.

MILLET (Jean-Baptiste)

142\. La Ferme. Crayon noir. Signé. Encadré.

MINIATURES

143\. Ste Anne? Lettre ornée. Encadrée.
H. 165. L. 115.

144\. Portraits. Trois miniatures (une signée *de Marsy*, 1771, une autre : *Quesnet*, 1816).

145\. Sous ce numéro, il sera vendu quatre miniatures et une tabatière ronde, ornée.

MINIATURE PERSANE

146\. Combat singulier. Encadrée.

MŒGLICH (A. L.)

147\. Buste de jeune Fille. A la sanguine. *Signé* et daté : 1807.
H. 158. L. 130.

MOITTE — BOUCHARDON — CASTELLAS.

148. L'Olympe, frise — Académie de femmes — Portrait du sculpteur Moitte. Trois dessins.

MONSIAU (N.)

149. Nymphes découvrant l'Amour endormi. Plume et sépia. Encadré. H. 222. L. 180.

MORLAND (attribué à G.)

150. Halte de bohémiens. A la plume, lavé d'aquarelle. Encadré.
L. 215. H. 092.

NETSCHER (G.)

151. Personnage en armure, à mi-jambes. A la sanguine. *Signé* et *daté* : 1676.
H. 252. L. 215.

OUDRY (J. B.)

152. Tête de chien. Aux trois crayons. L. 380. H. 260.

PARROCEL (Charles)

153. Combat de cavalerie. Crayon noir et sanguine.
L. 288. H. 268.

PARROCEL (Joseph)

154. Jésus et les Apôtres. Sépia et encre de chine avec rehauts de gouache. Encadré.
L. 174. H. 141.

PERROT (F.)

155. Le Havre — Le Croisic — (Caen ?). Trois dessins à la mine de plomb.

PICHOT (R.)

156. Jardin public — Madrilènes — Sortie de l'Eglise. Deux pastels et un dessin. Signés. Encadrés.

PIERRE (J. B. M.)

157. Le Feu. A la sanguine. Signé. H. 343. L. 260.

PIOT (René)

158. Études de Figures. Deux dessins *rehaussés*. Signés.

PISSARO (Camille)

159. A Osny. Croquis au pastel. *Signé*. Encadré.
L. 290. H. 212.

POMERANCIO (Le)

160. Jésus haranguant les pêcheurs. Plume et sépia.
L. 470. H. 310.

PRUDHON (attribué à P. P.)

161. Vénus. Au crayon.
L. 140. H. 100.

PRUDHON (Ecole de P. P.)

162. Un Amour. Crayon noir avec rehauts de blanc, sur papier bleu. Encadré.
H. 258. L. 202.

PUVIS DE CHAVANNES (attribué à)

163. Famille de pêcheurs. A la sanguine. Sous-verre.
H. 290. L. 255.

RAFFAELLI — ROLL — BESSON — JEANNIOT

164. Etudes et sujets divers. Quatre dessins *signés*. Encadrés.

REMBRANDT VAN RIJN (Ecole de)

165. Abraham renvoyant Agar et Isaac. A la sépia.
L. 240. H. 160.

ROBERT (Hubert)

166. Le Barrage. Pierre d'Italie.
L. 384. H. 280.

ROBERT (attribué à Hubert)

167. Site d'Italie. A la plume, lavé de sépia.
L. 275. H. 106.

RODIN (Auguste)

168. Crainte. A la mine de plomb, lavé d'aquarelle. *Signé* des initiales.
H. 305. L. 186.

169. Femme nue, de dos. A la mine de plomb, lavé d'aquarelle. *Signé* des initiales.
H. 304. L. 180.

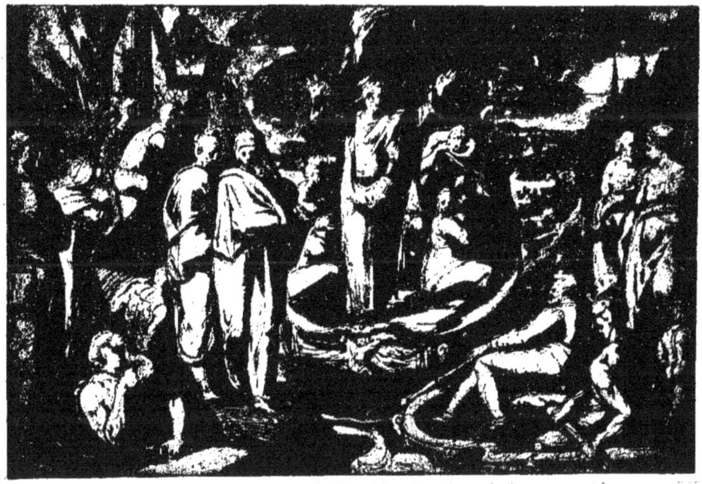

N° 160 du Catalogue.

170. Femme nue, agenouillée. A la mine de plomb, lavé d'aquarelle. *Signé* des initiales.
H. 312. L. 207.

171. Femme nue, de dos. Crayon rehaussé d'aquarelle. *Signé* des initiales. H. 295. L. 198.

172. Femme nue, assise. Crayon rehaussé d'aquarelle. *Signé* des initiales. H. 290. L. 165.

173. Femme nue debout, de face. A la mine de plomb, rehaussé d'aquarelle. *Signé* des initiales.
H. 300. L. 170.

174. Croquis de Femme. A la plume. *Signé* des initiales.

H. 302. L. 169.

ROTHENHAMER (attribué à)

174 *bis*. Le Christ en croix. A la plume.

H. 239. L. 169.

ROUSSEAU (Théodore)

175. Croquis de montagne. Quatre croquis dans deux cadres. Cachet.

ROUX-CHAMPION (V. J.)

176. L'Abside Notre-Dame, le soir. Aquarelle. *Signée*. Encadrée.

L. 358. H. 250.

177. La Seine à Paris. Aquarelle. *Signée*. Encadrée.

L. 315. H. 240.

RUBENS (Ecole de P. P.)

178. Cérès instruisant les hommes. Plume et sépia.

L. 260. H. 190.

SAINT-MARCEL, DAUBIGNY, LUCE, etc.

179. Études et sujets divers, animaux. Treize dessins.

SALIMBENI (V.)

180. Le Concert des Anges. Plume et sépia.

L. 420. H. 282.

SCHWARZ (Christoph) ?

181. Le Christ adoré par les Grands de la Terre. Plume et encre de chine.

H. 170. L. 150.

182. Délivrance de St-Paul. Plume et encre de chine.

H. 300. L. 178.

SIROUY (Achille)

183. Compositions diverses, 21 dessins, mine de plomb ou sanguine.

SOMM (Henry)

184. Parisiennes. Trois aquarelles. *Signées.*

TÉNIERS et SAFT-LEVEN (attribué à)

185. Paysages. Deux dessins.

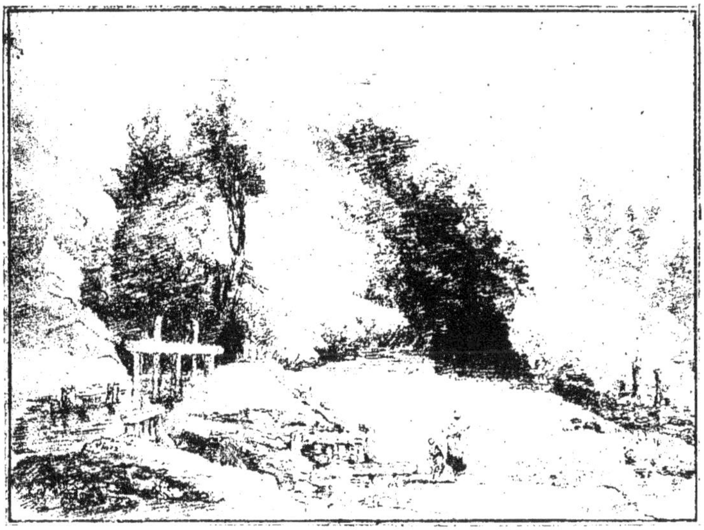

N° 186 du Catalogue.

UDEN (Lucas van) ?

186. L'Approche de l'orage. Dessin aquarellé.
L. 205. H. 147.

V*** (A.)

187. Porche de l'Église de Graville. Crayon noir avec rehauts de pastel. Encadré.
L. 155. H. 120.

VADDER (attribué à L. de)

188. Paysage de vaste étendue. Aquarelle gouachée.
L. 325. H. 193.

VANLOO (Carle) ou NATOIRE (Ch.) ?

189. Antoine François de Sadouvilliers de Billaud, Capitaine-lieutenant au Rég^t d'Hallwyl. PEINTURE. De forme ovale. Encadrée.
A figuré à l'Exposition Universelle en 1878, 1889 et 1900. H. 625. L. 520.

VERDIER (François)

190. Scènes de l'Histoire ancienne. Quatre dessins, crayon noir et sanguine.

VERNET (attribué à Joseph)

191. L'Arche du pont. Crayon.

VIEILLARD (M.)

192. A cache-cache. Aux crayons de couleurs. *Signé.* Encadré.

WILLE (J. G.)

193. Buste d'homme. Crayon noir et sanguine (sur le vieux montage, on lit : *G. Wille fecit*).
H. 410. L. 312.

WITT (J. de)

194. Buste de vieille Femme, d'après Rubens. Sanguine, crayon et encre de chine. H. 270. L. 188.

DIVERS

195. Sujets divers. Vingt-cinq dessins attribués à divers artistes.

196. Sujets divers. Vingt-cinq dessins attribués à divers artistes.

197. King Charles — Animaux divers. Quatre dessins (un lavé d'aquarelle, 2 à la sanguine).

198. Sujets divers. Douze dessins des XVIIe et XVIIIe siècles.

199. Motifs d'ornements et de décoration. 18 dessins.

200. L'Accident de voiture. A la mine de plomb. A été gravé.

201. Le Four de Négrepelisse — Villa dans la campagne romaine. Deux dessins à l'encre de chine. Sous verre.

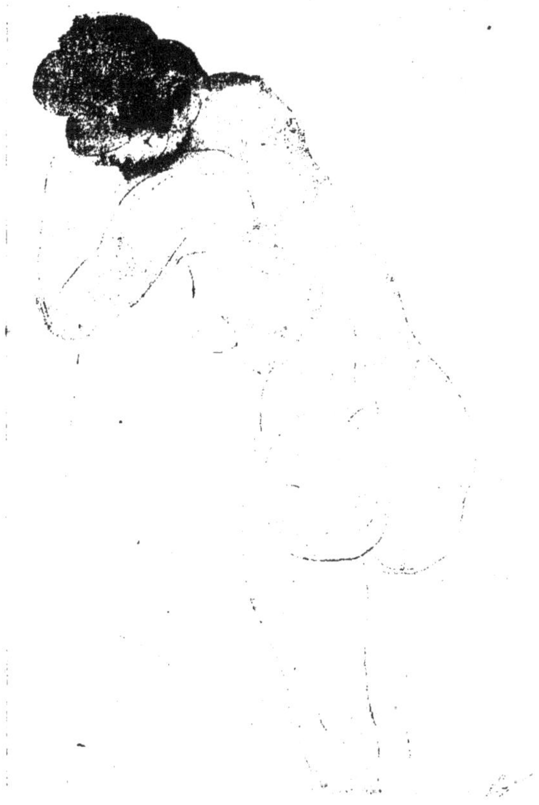

N° 100 du Catalogue.

202. La dernière charette, fac-simile d'apr. Raffet — Tête de femme, par Kaplan — Grenadier et enfant, esquisse peinte, d'apr. Raffet — Paysage attribué à Michel. Quatre pièces.

203. Cristi ! au siège de Sébastopol..., par Cham — Paysanne, aquarelle, par L. D. Connell — Amazone, par J. de Launay — Portrait d'Homme — Tête d'Enfant, étude peinte. Cinq pièces.

204. Paysages. Six dessins.

205. Etudes et sujets divers. Six dessins.

206. Sujets divers, 5 dessins attribués à Charlet, Desprez, Traviès, Bida, et Théophile Gautier.

207. Paysages et Marines. Cinq aquarelles.

208. Etudes diverses, par ou attribué à Heim, Baudry, Carrache, etc. Sept pièces.

209. Sous ce numéro, il sera vendu six peintures ou dessins, par Lapito, Andrieux.

210. Sujets divers — Etudes et croquis, un fort lot de dessins et estampes, anciens et modernes.

211. Sujets divers et Paysages, 13 dessins anciens.

212. Sujets divers et Paysages, Quatorze aquarelles.

213. Etudes et sujets divers, 15 dessins anciens.

214. Etudes, sujets divers et paysages, 20 dessins anciens.

215. Etudes, sujets divers et paysages, 22 dessins anciens.

216. Etudes, sujets divers, paysages, 18 dessins, par Em. Lévy, J. Léman, etc.

217. Allégorie — Lot et ses filles — Etudes. Quatre dessins anciens.

218. Études de Figures — Paysages. Six croquis, par ou attribués à Mallet, Demarne, etc.

219. Caricatures et scènes de mœurs, 50 dessins avec rehauts au crayon bleu.

219 *bis*. Nature morte, peinture. Encadrée — Le Transformisme, croquis à la sanguine, par Léandre. Deux pièces.

220. Sous ce numéro, il sera vendu 35 peintures, aquarelles et dessins encadrés.

221 — Scènes humoristiques. Un fort lot.

Imp. Frazier-Soye, 153, rue Montmartre, Paris.

www.ingramcontent.com/pod-product-compliance
Ingram Content Group UK Ltd.
Pitfield, Milton Keynes, MK11 3LW, UK
UKHW021118290826
14628UKWH00014B/2666

9 782329 495460